1. Auflage 2019

© 2019 Paulo Maros

Verlag: Selbstverlag, Paulo Maros

ISBN: 978-1-0740-1049-2

Korrektur: Nicolina Kozul, Wien

0

Inhaltsverzeichnis

Einleitung

Das 1985 erschienene Microsoft Excel ist das meist verwendete Tabellenkalkulationsprogramm und wird von fast allen Unternehmen verwendet. Folgenden Satz kann man in Jeder Stellenanzeige für Büroangestellte lesen: „Grundkenntnisse in MS Excel sind erforderlich!" In diesem Buch werden auf Grundlage von MS EXCEL 2010, die 21 Wichtigsten und am häufigsten verwendeten Funktionen erklärt und anhand von Beispielen noch verständlicher gemacht.

Wie schon erwähnt handelt es sich bei MS Excel um ein Tabellenkalkulationsprogramm, welches mit Hilfe von vordefinierten Funktionen das Berechnen und Auswerten von Daten und Zahlen vereinfachen kann.

Start

Wir haben nun eine leere Arbeitsmappe vor uns und sehen ein Raster welches in den Zeilen Nummeriert ist und in den Spalten Alphabetisiert ist. Wenn man nun mit dem Zeiger auf eines der Felder klickt, wie im Beispielbild unten zu sehen ist, wird dieses Markiert (dick umrandet). Nun kann man dieses Feld befüllen.

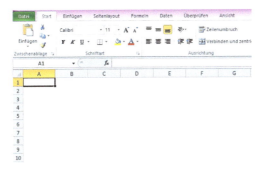

Aus reinem Verständnis, möchte ich zuerst die Funktionsweise von Excel mit Hilfe einfacher Rechenbeispiele erläutern.

Markieren Sie hierfür zuerst die Zelle A1 (diese Zelle befindet sich in der Zeile 1 und der Spalte A) und tragen Sie den Zahlenwert „10" ein. Nun markieren Sie die Zelle B1 (diese Zelle befindet sich in der Zeile 1 und der Spalte B) und Tragen den Zahlenwert „5" ein. Nun Können Sie in einer dritten Zelle (zum Beispiel C1) mit den zuvor eingetragenen Werten rechnen. Tragen Sie hierfür z.B. in der Zelle C1 folgende Formel ein: „=A1+B1".

Wenn Sie diese Eingabe nun Bestätigen indem Sie die Eingabetaste (Enter) drücken, so erhalten Sie in der Zelle C1 den Wert „15". Sie haben nun eine einfache Addition von 2 Zellen durchgeführt. Diese Berechnungen kann man natürlich mit allen mathematischen Grundrechenarten verwenden.

Kapitel 1: Die 5 häufigsten Funktionen

Als erstes werden wir uns die 5 häufigsten Funktionen anschauen, welche einfache mathematische Rechenaufgaben auf gesamte Bereiche ausführen.

Dazu gehören folgende Funktionen:

- SUMME
- ANZAHL
- MITTELWERT
- MAX
- MIN

1.1. SUMME

Die Funktion „=SUMME()" ist die am häufigsten verwendete Arbeitsblattfunktion, da Sie das Addieren mehrerer gefüllter Zellen wesentlich vereinfacht. Diese Funktion besitzt auch einen sogenannten Shortcut, welcher sich in der Kopfzeile von MS Excel befindet und wie folgt aussieht:

Σ AutoSumme ▾

Aufbau
=SUMME(Wert1;Wert2;Wert3;….)

=SUMME(Wert1:Wert5)

Die sogenannte Summenfunktion kann auf 2 Arten verwendet werden. Man kann nun nach Eingabe der Funktion „=SUMME()" die einzelnen Zellen mit einem „;" trennen und so alle benötigten Zellen auflisten. Einfacher geht das Ganze indem man nach Eingabe der Funktion alle benötigten Werte in einem Zug markiert und somit alle Werte in einem bestimmten Bereich addiert.

Beispiel
Wir benützen nun die Funktion SUMME, um eine Liste an Zahlenwerten zu addieren.

Aufgabenstellung: Addiere alle Werte in den ersten 5 Zellen in der Spalte A.

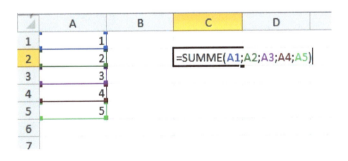

Im 1. Beispiel haben wir alle Felder einzeln markiert und sehen, dass es für jedes Feld einen eigenen Eintrag gibt. Im 2. Beispiel werden wir nun alle Felder auf einmal markieren.

⠦	A	B	C	D
1	1			
2	2		=SUMME(A1:A5)	
3	3			
4	4			
5	5			
6				
7				

In beiden Fällen erhalten wir das Ergebnis 15.

1.2. ANZAHL

Diese Funktion agiert grundsätzlich wie die Summenfunktion, jedoch werden jetzt nicht die Zellenwerte addiert. Die Anzahlfunktion zählt nur die befüllten Felder in welchen sich Zahlen befinden.

Aufbau
=ANZAHL(Wert1:Wert5)

ANZAHL wird meistens nur für Bereiche verwendet, in welchen die Zahlenwerte gezählt werden müssen. Die Eingabe einzelner Werte wäre aber grundsätzlich auch möglich. Meistens ist es auch ausreichend, wenn man einfach die gesamte Spalte markiert in welcher die Zahlenwerte stehen.

Beispiel

Wir wollen nun zählen, wie viele Zahlenwerte wir tatsächlich haben.

Aufgabenstellung: Zähle alle Zahlenwerte in der Spalte A.

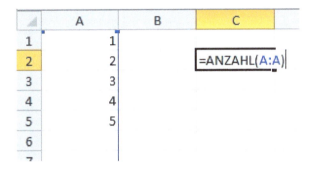

Als Ergebnis erhält man nun 5.

1.3. MITTELWERT

Die Funktion MITTELWERT errechnet aus dem markierten Bereich, den jeweiligen Mittelwert.

Aufbau

=MITTELWERT(Wert1:Wert5)

MITTELWERT kann nun auch entweder auf einzelne Zellen, einen ganzen Bereich oder sogar auf gesamte Spalten angewendet werden.

Beispiel

Mit Hilfe dieser Funktion werden wir nun den Mittelwert
einiger Zahlen in einer Liste ausgeben.

Aufgabenstellung: Berechne den Mittelwert aller Werte
in der Spalte A.

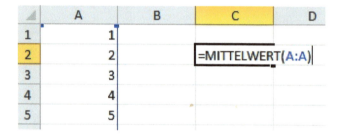

Das Ergebnis dieser Funktion wäre in unserem Fall 3.

1.4. MAX

Die Funktion MAX gibt den höchsten Wert in einem Bereich aus.

Aufbau

=MAX(Wert1:Wert5)

Der Aufbau besteht aus einem Wertebereich.

Beispiel

Wir versuchen nun den Maximalwert aus einer Liste von Zahlen mit Hilfe der MAX Funktion zu ermitteln.

Aufgabenstellung: Gib den Maximalwert in einem ausgewählten Bereich aus.

	A	B	C
1	1		
2	2		=MAX(A:A)
3	3		
4	4		
5	5		

Als Ergebnis erhalten wir nun 5.

1.5. MIN

Die MIN-Funktion ist nun das Gegenstück zur MAX-Funktion und gibt den niedrigsten Wert im auszuwertenden Bereich aus.

Aufbau

=MIN(Wert1:Wert5)

Der Aufbau ist vergleichbar mit dem Aufbau der Funktion MAX. Es wird ebenso nur ein Wertebereich verwendet.

Beispiel

Wir versuchen nun den Minimalwert aus einer Liste von Zahlen mit Hilfe der MAX Funktion zu ermitteln.

Aufgabenstellung: Gib den Maximalwert in einem ausgewählten Bereich aus.

▲	A	B	C
1	1		
2	2		=MIN(A:A)
3	3		
4	4		
5	5		

Hier erhalten wir nun das Ergebnis 1.

Kapitel 2: Zählfunktionen

Da wir nun die 5 häufigsten Funktionen erläutert haben möchte ich euch noch weitere "Zähl-Funktionen" zeigen. Diese empfinde ich auch als sehr wichtig, da sie im Grunde erweiterte Anzahlfunktion sind. Jedoch funktionieren diese etwas anders als die Klassische =ANZAHL() Funktion.

- ANZAHL2
- ZÄHLENWENN

2.1. ANZAHL2

Die Funktion ANZAHL2 ist natürlich verwandt mit der Funktion ANZAHL. Jedoch hat sie einen Vorteil. Sie ist in der Lage alle befüllten Felder zu zählen, gleichgültig ob diese nun Zahlenwerte oder Text beinhalten. Diese Funktion wird meist verwendet, wenn es häufiger zu Tippfehlern kommt. In diesem Fall werden die Felder die nun statt "1" ein "q" beinhalten (weil diese Tasten, auf der Tastatur, nahe beieinander liegen) nicht mehr von der normalen ANZAHL Funktion gezählt, da „q" kein Zahlenwert ist.

Aufbau
=ANZAHL2(Wert1:Wert5)

Wie man sieht ist der Aufbau von ANZAHL2 identisch wie bei der schon erkälten Funktion ANZAHL.

Beispiel

Aufgabenstellung: Zähle alle Werte die sich in der Spalte A befinden.

◢	A	B	C	D
1	q			
2	2		=ANZAHL2(A:A)	5
3	3		=ANZAHL(A:A)	4
4	4			
5	5			

Ich habe in diesem Beispiel den Wert in Spalte A1 von "1" auf "q" geändert um einen Tippfehler zu simulieren. Wie wir sehen können gibt eine normale ANZAHL Funktion als Ergebnis nur 4 aus, da diese auch nur 4 Zahlenwerte erkennt. Im Gegensatz dazu erkennt die Funktion ANZAHL2, dass es sich hier um tatsächlich 5 befüllte Felder handelt und gibt uns die korrekte Anzahl der befüllten Felder aus.

2.2. ZÄHLENWENN

Zu Anfang war ich mir nicht ganz sicher, ob ich diese Funktion in dieses Buch mitnehmen soll, da sie für mein Gefühl eher nicht zu den Grundlagen gehört sondern doch eher etwas herausfordernder ist. Jedoch ist ZÄHLENWENN eine der brauchbarsten Funktionen, da man hier noch genauer einschränken kann was überhaupt gezählt wird.

Stellen Sie sich nun vor sie wollen der ANZAHL Funktion sagen: "Bitte zähle mir nur bestimmte Werte in einer Spalte". Das wird natürlich nicht funktionieren. Genau dafür haben wir nun die Funktion ZÄHLENWENN.

Aufbau
=ZÄHLENWENN(Bereich;"Suchkriterium")

Der Aufbau der ZÄHLENWENN Funktion besteht aus 2 Teilen. Der erste Teil ist der sogenannte "Bereich". Dieser wird dazu verwendet, um den Bereich zu definieren beispielsweise eine ganze Spalte (A:A). Danach kommt der Bereich "Suchkriterium". Hier muss man eines beachten, sucht man nach einem Zahlenwert oder setzt einen Bezug, dann muss man den Bereich nicht in Apostroph setzen. Sucht man jedoch nach einem Text dann muss dieser in Apostroph gesetzt werden. Die Bereiche werden immer mit einem Semikolon (;) getrennt.

Beispiel

Als Beispiel haben wir eine Liste mit Nachnamen und wollen nun überprüfen ob ein bestimmter Name doppelt vorkommt.

Aufgabenstellung: Zähle wie oft der Name "Müller" in dieser Liste vorkommt.

	A	B	C	D
1	Becker			
2	Müller			
3	Schneider		=ZÄHLENWENN(A:A;"Müller")	2
4	Fischer			
5	Wagner			
6	Schneider			
7	Müller			
8	Hoffmann			
9	Wolf			
10	Schulz			
11				

Wir haben nun den Namen Müller im Bereich "Suchkriterium" direkt eingetragen. Wenn man nun den Nachnamen ändern will, müsste man jedes Mal das Suchkriterium in der Formel neu anpassen. Hierfür gäbe es natürlich auch eine einfachere Lösung:

⬐	A	B	C	D
1	Becker			
2	Müller		Name:	Müller
3	Schneider			
4	Fischer		=ZÄHLENWENN(A:A;D2)	2
5	Wagner			
6	Schneider			
7	Müller			
8	Hoffmann			
9	Wolf			
10	Schulz			

Indem wir ein extra Feld für den Namen benutzen (in unserem Fall D2), können wir einen Bezug in unserem Suchkriterium einbauen. Wenn wir nun den Nachnamen ändern wollen müssen wir nur in der Spalte D2 einen neuen Nachnamen eingeben.

Kapitel 3: Funktionen zur Zahlenformatierung

Jetzt würde ich Ihnen gerne einige Funktionen zeigen, welche Ihnen helfen können Zahlen in deren Kommastellen zu bearbeiten.

Oft kommt es vor, dass man eine Liste von Geldbeträgen erhält, welche auf Grund von gewissen Umrechnungen mehr als nur eine Kommastelle haben. Des Weiteren kann es vorkommen, dass man eine Liste von Mengenangaben erhält, welche Kommastellen besitzen, was natürlich unsinnig ist.

Wenn sie nun mit Hilfe von Funktionen Kommastellen einfach anpassen oder eliminieren wollen, stehen uns folgende 3 Grundfunktionen zur Verfügung.

- KÜRZEN
- GANZZAHL
- RUNDEN

3.1. KÜRZEN

Wie der Name dieser Funktion schon erahnen lässt, kann man mit KÜRZEN die Länge der Kommastellen einer Zahl anpassen. Was man hier beachten muss ist, dass diese Funktion sich an keine Rundungsregeln hält, sondern die "überschüssigen Kommastellen" einfach entfernt.

Aufbau

=KÜRZEN(Zahl;Anzahl_Stellen)

Die Funktion KÜRZEN besteht aus zwei Bereichen. Der erste Bereich "Zahl" beschreibt die Zahl welche gekürzt werden muss. Meistens steht diese in einer Zelle, deswegen ist im ersten Bereich meistens ein Bezug zu diesem Feld. Der zweite Bereich heißt Anzahl der Stellen und wird verwendet um die Nachkommastellen zu definieren. Die Bereiche werden mit einem Semikolon (;) getrennt.

Beispiel

Als Beispiel nehmen wir gleich eine Liste an Zahlen welche eine Unterschiedliche Anzahl an Nachkommastellen haben. und Kürzen Diese auf 2 Nachkommastellen.

Aufgabenstellung: Kürze die Zahlen in der Liste auf 2 Nachkommastellen.

⊿	A	B	C	D
1	1,31241		=KÜRZEN(A1;2)	1,31
2	3,12313		=KÜRZEN(A2;2)	3,12
3	4,342344		=KÜRZEN(A3;2)	4,34
4	2,1242		=KÜRZEN(A4;2)	2,12
5	1,14124		=KÜRZEN(A5;2)	1,14
6	7,585456		=KÜRZEN(A6;2)	7,58
7	3,5675		=KÜRZEN(A7;2)	3,56
8	6,07845		=KÜRZEN(A8;2)	6,07
9	8,25457		=KÜRZEN(A9;2)	8,25
10	5,34673		=KÜRZEN(A10;2)	5,34

Hierfür muss man in einer Spalte die Formel definieren, in diesem Beispiel ist es die Spalte D1. Danach muss die Zelle mit dem rechts unten liegendem Quadrat nach unten gezogen werden. Wie wir nun sehen können haben wir rechts die gleiche Liste wie links, mit dem einzigen Unterschied, dass wir 2 Nachkommastellen angezeigt bekommen.

3.2. GANZZAHL

Diese Funktion wird dort verwendet, wo Nachkommastellen keine Aussagekraft haben. Beispielsweise bei Mengenangaben oder sehr hohen Zahlenwerten. Die GANZZAHL Funktion agiert grundsätzlich gleich wie die Funktion KÜRZEN, jedoch gibt GANZZAHL, wie der Name schon sagt, nur ganze Zahlen aus. Achtung diese Funktion hält sich, wie KÜRZEN, nicht an Rundungsregeln. So wird zum Beispiel aus 112,64 mit GANZZAHL 112 und nicht 113.

Aufbau
=GANZZAHL(Zahl)

Der Aufbau von GANZZAHL besteht aus einem Bereich in dem die Zahl selbst definiert wird. Hier steht meist ein Bezug zu einer Zelle.

Beispiel

Als Beispiel nehmen wir eine Liste an Zahlen, welche unterschiedliche Nachkommastellen hat und setzen die GANZZAHL Funktion ein.

Aufgabenstellung: Wandle die Werte in der Liste in ganze Zahlen um.

	A	B	C	D
1	1,31241		=GANZZAHL(A1)	1
2	3,12313		=GANZZAHL(A2)	3
3	4,342344		=GANZZAHL(A3)	4
4	2,1242		=GANZZAHL(A4)	2
5	1,14124		=GANZZAHL(A5)	1
6	7,585456		=GANZZAHL(A6)	7
7	3,5675		=GANZZAHL(A7)	3
8	6,07845		=GANZZAHL(A8)	6
9	8,25457		=GANZZAHL(A9)	8
10	5,34673		=GANZZAHL(A10)	5
11				

Als Ergebnis erhalten wir in der Spalte D die nicht gerundeten ganzen Zahlen von unserer Liste in Spalte A.

3.3. RUNDEN

Will man Nachkommastellen so bearbeiten, dass sich die Funktion auch an die Rundungsregeln hält, so benützt man die Funktion RUNDEN.

Aufbau

=RUNDEN(Zahl;Anzahl_Stellen)

Der Aufbau ist, bis auf die Bezeichnung der Funktion, der gleiche wie bei KÜRZEN. Der einzige Unterschied ist die Einhaltung der Rundungsregeln.

Beispiel

Wir nehmen wieder eine Liste an Zahlen, welche unterschiedliche Nachkommastellen haben und kürzen diese wieder auf 2 Nachkommastellen.

Aufgabenstellung: Kürze die Zahlen in der Liste auf 2 Nachkommastellen.

	A	B	C	D
1	1,31241		=RUNDEN(A1;2)	1,31
2	3,12313		=RUNDEN(A2;2)	3,12
3	4,342344		=RUNDEN(A3;2)	4,34
4	2,1242		=RUNDEN(A4;2)	2,12
5	1,14124		=RUNDEN(A5;2)	1,14
6	7,585456		=RUNDEN(A6;2)	7,59
7	3,5675		=RUNDEN(A7;2)	3,57
8	6,07845		=RUNDEN(A8;2)	6,08
9	8,25457		=RUNDEN(A9;2)	8,25
10	5,34673		=RUNDEN(A10;2)	5,35

Wir haben nun die Werte aus Spalte A auf 2 Dezimalstellen gerundet und in Spalte D abgebildet.

Kapitel 4: Funktionen zur Textbearbeitung

Das Tabellenprogramm Excel kann natürlich zusätzlich zu Zahlen auch Text verarbeiten. Im folgenden Kapitel, zeige ich Ihnen die wichtigsten Funktionen um einen Text in bestimmten Zellen zu bearbeiten.

- LINKS
- RECHTS
- TEIL
- LÄNGE
- ERSETZEN

4.1. LINKS

Die Funktion LINKS zeigt uns den linken TEIL eines Textes oder einer Zahlenfolge bis zu einem definierten Punkt. Diese Funktion wird meist dort verwendet, wo in einer Zelle mehrere Informationen angeführt werden.

Aufbau

=LINKS(Text;Anzahl_Zeichen)

Der Aufbau ist in zwei Bereiche unterteilt. Der 1. Teil ist der Text, welchen wir bearbeiten wollen. Der 2. Teil ist die Anzahl der Zeichen, hier wird definiert wie viele Stellen man von links nach rechts ausgeben will.

Beispiel

Als Beispiel haben wir eine Liste an Schülern mit ihrer Schülernummer und ihrem Namen.

Aufgabenstellung: Filtere das Wort Schüler aus dem Text.

◢	A	B	C	D
1	Schüler 001 Becker		=LINKS(A1;7)	Schüler
2	Schüler 002 Müller		=LINKS(A2;7)	Schüler
3	Schüler 003 Schneider		=LINKS(A3;7)	Schüler
4	Schüler 004 Fischer		=LINKS(A4;7)	Schüler
5	Schüler 005 Wagner		=LINKS(A5;7)	Schüler

Das Wort "Schüler" hat 7 Buchstaben, somit müssen wir in Anzahl_Zeichen die Zahl 7 eintragen und erhalten das Ergebnis in der Spalte D.

4.2. RECHTS

Die Funktion RECHTS ist das Gegenstück zur Funktion LINKS und macht auch im Grunde das gleiche nur von der anderen Seite.

Aufbau
=Rechts(Text;Anzahl_Zeichen)

Der Aufbau ist wieder in zwei Bereiche unterteilt. Der 1. Teil ist der Text von welchem wir den Rechten Teil benötigen. Der 2. Teil ist die Anzahl der Zeichen, hier wird definiert wie viele Stellen man von rechts nach links ausgeben will.

Beispiel
Als Beispiel haben wir dieses Mal das Wort Schüler auf der rechten Seite stehen.

Aufgabenstellung: Filtere das Wort Schüler aus dem Text.

	A	B	C	D
1	Becker 001 Schüler		=RECHTS(A1;7)	Schüler
2	Müller 002 Schüler		=RECHTS(A2;7)	Schüler
3	Schneider 003 Schüler		=RECHTS(A3;7)	Schüler
4	Fischer 004 Schüler		=RECHTS(A4;7)	Schüler
5	Wagner 005 Schüler		=RECHTS(A5;7)	Schüler

Das Wort "Schüler" hat immer noch 7 Buchstaben, somit müssen wir in Anzahl_Zeichen wieder die Zahl 7 eintragen und erhalten das Ergebnis in der Spalte D.

24

4.3. TEIL

Diese Funktion wird dort verwendet, wo man einen gewissen Teil aus der Text-Mitte benötigt. Diese Funktion geht von links nach rechts vor.

Aufbau

=TEIL(Text;Erstes_Zeichen;Anzahl_Zeichen)

Die Funktion TEIL besteht aus drei Bereichen, der 1. Bereich ist der Text selbst, hier steht meistens ein Bezug. Der 2. Teil mit dem Namen Erstes_Zeichen beschreibt an welcher Stelle wir anfangen auszugeben. Im 3. Teil definieren wir wie viele Zeichen wir inklusive dem Startfeld ausgeben wollen.

Beispiel

Um die Funktion TEIL etwas zu veranschaulichen nehmen wir die gleiche Liste wie bei Beispiel LINKS, nur dass wir jetzt die Schülernummer herausfiltern.

Aufgabenstellung: Filtere die Schülernummer aus dem Text.

	A	B	C	D
1	Schüler 001 Becker		=TEIL(A1;9;3)	001
2	Schüler 002 Müller		=TEIL(A2;9;3)	002
3	Schüler 003 Schneider		=TEIL(A3;9;3)	003
4	Schüler 004 Fischer		=TEIL(A4;9;3)	004
5	Schüler 005 Wagner		=TEIL(A5;9;3)	005

Da die erste "0" der Schülernummer in diesem Format immer auf der 9. Stelle steht tragen wir bei "Erstes_Zeichen" eine 9 ein. Somit wird der Funktion gesagt, wo sie startet.

Danach schauen wir uns den 2. Teil der Funktion an. In dieser sagen wir, gib uns die 3 Zeichen der Schülernummer aus.

4.4. LÄNGE

Wollen wir wissen wie viele Zeichen in einer Zelle eingetragen sind so benützen wir die Funktion LÄNGE. Diese Funktion kann verwendet werden, um Textlängen zu zählen. Achtung, Leerzeichen zwischen den Wörtern werden auch als Zeichen gezählt.

Aufbau
=LÄNGE(Text)

Der Aufbau von LÄNGE ist simpel, da er nur einen Bezug benötigt, um die Länge der markierten Zelle zu berechnen.

Beispiel
Aufgabenstellung: Gib die Länge der einzelnen Zeichen in der jeweiligen Zelle aus.

	A	B	C	D
1	Schüler 001 Becker		=LÄNGE(A1)	18
2	Schüler 002 Müller		=LÄNGE(A2)	18
3	Schüler 003 Schneider		=LÄNGE(A3)	21
4	Schüler 004 Fischer		=LÄNGE(A4)	19
5	Schüler 005 Wagner		=LÄNGE(A5)	18

Nehmen wir die Spalte A1 als Kontrolle. Schüler hat 7 Buchstaben.

Die Schülernummer hat 3 und der Nachname Becker hat 6 Buchstaben. Wenn wir noch die 2 Leerzeichen dazu zählen kommen wir auf 18.

4.5. ERSETZEN

Die Funktion ERSETZEN kann eine bestimmte Zeichenfolge mit einer anderen Zeichenfolge ersetzen, sofern man weiß wo sich die derzeitige Zeichenfolge befindet.

Aufbau

ERSETZEN(Alter_Text;Erstes_Zeichen;Anzahl_Zeichen;Neuer_Text)

Diese Funktion besteht im Aufbau aus vier Teilen. Der 1. Teil ist der gesamte Text den wir benötigen. Hier wird meistens ein Bezug zu einer Zelle definiert. Der 2. Teil zeigt, mit welcher Stelle die alte Zeichenfolge beginnt und der 3. Teil definiert die Länge des alten Wortes. Im 4. Teil wird schlussendlich das neue Wort eingetragen.

Beispiel

Als Beispiel machen wir unsere Schüler aus der vorigen Aufgabe nun zu Absolventen indem wir das Wort Schüler mit dem Wort Absolvent ersetzen.

Aufgabenstellung: Ersetze das Wort Schüler im Text durch das Wort Absolvent.

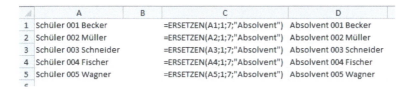

⊿	A	B	C	D
1	Schüler 001 Becker		=ERSETZEN(A1;1;7;"Absolvent")	Absolvent 001 Becker
2	Schüler 002 Müller		=ERSETZEN(A2;1;7;"Absolvent")	Absolvent 002 Müller
3	Schüler 003 Schneider		=ERSETZEN(A3;1;7;"Absolvent")	Absolvent 003 Schneider
4	Schüler 004 Fischer		=ERSETZEN(A4;1;7;"Absolvent")	Absolvent 004 Fischer
5	Schüler 005 Wagner		=ERSETZEN(A5;1;7;"Absolvent")	Absolvent 005 Wagner

Wir haben nun definiert, dass unser gesuchtes Wort gleich mit dem ersten Buchstaben beginnt und nach dem 7. Buchstaben aufhört, dies geben wir in den 2.Teil und 3.Teil unserer Funktion ein. Zusätzlich haben wir das Wort "Absolvent" als, zu ersetzendes Wort definiert. Die ganze Funktion ist in Spalte C ersichtlich.

Kapitel 5: Datumsfunktionen

Ich möchte euch noch, in einem etwas kürzeren Thema, jene Funktionen zeigen mit welchen man einfach ein Datum anzeigen und zerlegen kann. Die folgenden Funktionen werden in diesem Thema erwähnt:

- HEUTE
- TAG
- MONAT
- JAHR

5.1. HEUTE

Diese Funktion gibt das aktuelle Datum aus.

Aufbau

=HEUTE()

Es reicht wenn man die Formel in eine leere Zelle einträgt und diese bestätigt. Schon erhält man das heutige Datum. Wenn man bestimmte Tage nach vor oder zurück rechnen will kann man der Funktion HEUTE einfach die jeweiligen Tage abziehen.

Beispiel

Aufgabenstellung: Gib das aktuelle Datum aus und anschließend das Datum, welches wir in den kommenden 25 Tagen haben werden.

	A	B	C
1			
2	Heute	=HEUTE()	05.06.2019
3	in 25 Tagen	=HEUTE()+25	30.06.2019

Genauso kann man auch =HEUTE()-25 und man erhält das Datum vor 25 Tagen.

5.2. TAG, MONAT & JAHR

Die 3 Funktionen TAG, MONAT und JAHR können wir in einem Stepp durchgehen, da sie den gleichen Aufbau haben.

Aufbau

=TAG(ZAHL)

=MONAT(ZAHL)

=JAHR(ZAHL)

Als Zahl trägt man ein Datumsformat ein und erhält den jeweiligen Wert. Hier wird meist ein Bezug hergenommen.

Beispiel

Als Beispiel teilen wir ein Datum in seine Einzelteile.

Aufgabenstellung: Teile das Datum in Tag, Monat und Jahr.

◢	A	B	C
1			
2	05.06.2019	=TAG(A2)	5
3		=MONAT(A2)	6
4		=JAHR(A2)	2019

Kapitel 6: Die Krönung des Excel Grundwissens

Als Krönung des Excel Grundwissens möchte ich euch noch 2 Formeln erklären, welche einem im Arbeitsalltag helfen und die einen auch sehr oft begegnen. Diese Funktionen gehören eigentlich ebenso zu den häufig verwendeten, jedoch möchte ich sie erst zum Schluss erklären, da diese ein kleines Vorwissen voraussetzen. Dieses Vorwissen haben wir uns in den bereits davor kennengelernten Kapiteln angeeignet.

- WENN
- SVERWEIS

6.1. WENN

Die WENN Formel gehört wie schon erwähnt zu einer der am häufigsten verwendeten Formeln und hat dieselbe Funktion wie eine IF-Funktion, welche aus den meisten Programmiersprachen bekannt ist. Grundsätzlich funktioniert die Formel in dem Sinne, dass wir sagen: Wenn eine Voraussetzung erfüllt ist dann wird A ausgeführt ansonsten wird B ausgeführt.

Aufbau

=WENN(Prüfung;Dann_Wert;Sonst_Wert)

Der Aufbau der WENN Formel besteht aus drei Teilen. Der 1. Teil ist die sogenannte Prüfung. Hier wird ein Wahrheitswert definiert, zum Beispiel: A1=1. Wenn dieser erfüllt ist kommen wir zu Teil 2 den Dann_Wert. Dieser Wert wird ausgeführt wenn die Prüfung korrekt war, in unserem Beispiel muss in der Zelle A1 der Wert 1 stehen. Im Dann_Wert kann man grundsätzlich alles eintragen sowohl Text, Zahlen als auch Bezüge.

Sollte der Wahrheitswert nicht stimmen, also sollte in unserem Beispiel nicht in A1 der Wert 1 stehen so wird der Teil 2 übersprungen und wir kommen direkt zu Teil 3 den Sonst_Wert. Hier tragen wir ein was passieren soll wenn in A1 etwas anderes steht. Hier kann man auch alles eintragen.

Beispiel

Aufgabenstellung: Finde heraus ob in der Spalte A Schüler steht oder nicht.

	A	B	C
1	Schüler	=WENN(A1="Schüler";"Schüler";"kein Schüler")	Schüler
2	Absolvent	=WENN(A2="Schüler";"Schüler";"kein Schüler")	kein Schüler
3	Schüler	=WENN(A3="Schüler";"Schüler";"kein Schüler")	Schüler

Wir sehen nun, dass sich die jeweiligen Formeln auf A1, A2 & A3 beziehen. Wir schauen uns die Formel anhand der ersten Zeile an.

Die Prüfung bezieht sich, in der ersten Zeile, auf die Zelle A1 und schaut ob in A1 das Wort Schüler steht (A1="Schüler"). Nun da dieser Wert übereinstimmt, und in A1 wirklich Schüler steht, so wird direkt der Dann_Wert aktiviert und in die Zelle wird "Schüler" eingetragen.

Die 2. Zeile hingegen hat in A2 nicht das Wort Schüler stehen. Somit wird hier der Sonst_Wert aktiviert. Den Sonst_Wert haben wir in diesem Beispiel als "kein Schüler" definiert.

6.2. SVERWEIS

Der SVERWEIS ist ebenfalls eine der am häufigsten verwendeten Funktionen in Excel und hat auch meiner Meinung nach, den wichtigsten Nutzen in einem Tabellenkalkulationsprogramm. Mit dieser Funktion kann man einen Wert mit Hilfe von einem Suchkriterium in einer Liste suchen.

Aufbau

=SVERWEIS(Suchkriterium;Matrix;Spaltenindex;Bereich_Verweis)

Der Aufbau dieser Funktion ist in vier Teile unterteilt. Der 1. Teil definiert wonach wir in der Liste suchen wollen. Im 2. Teil markieren wir den Bereich in dem sich unsere Liste befindet. Achtung, wir markieren die Liste so, dass die erste Spalte auch die ist in der unser Suchkriterium enthalten ist.

Der 3. Teil definiert wie viele Zellen das Ergebnis von der Suchfunktion entfernt ist. Im 4. Teil definieren wir, ob wir nur einen ungefähren Wert haben wollen oder den tatsächlichen Wert, der gesucht ist. Teil 4. wird meistens mit "0" gefüllt, was bedeutet, dass er uns den genauen Wert ausgeben soll.

Der letzte Teil ist nur relevant wenn der SVERWEIS schon so umfangreich ist, dass es zu Leistungsproblemen kommt.

Beispiel

Als Beispiel versuchen wir die Nummern von bestimmten Personen in einer Liste ausfindig zu machen, ohne die Liste durchsuchen zu müssen. Zusätzlich wollen wir die Suchfunktion immer ändern, deswegen tragen wir die Suchfunktion in das Feld E2 ein.

Aufgabenstellung: Gib die Nummer der Person die im Feld E1 steht in der Zelle E2 aus.

	A	B	C	D	E
1	Becker	1		Name:	Fischer
2	Müller	2		=SVERWEIS(E1;A:B;2;0)	4
3	Schneider	3			
4	Fischer	4			
5	Wagner	5			

Wir sehen das im Feld E2 Fischer steht und unser SVERWEIS erkennt das Fischer die Nummer 4 hat. Würden wir in die Zelle E2 nun z.B. Schneider eintragen, dann würde unser SVERWEIS den Wert 3 ausgeben.

Kapitel 7: Abschließende Worte

Excel hat grundsätzlich als Tabellenkalkulationsprogramm noch wesentlich mehr Funktionen, einige von diesen sind selbst den besten Excel-Profis nicht bekannt. Jedoch bietet das Programm zu jeder Funktion eine kleine Erklärung.

Viele der hier erwähnten Funktionen sind auch in anderen Varianten vorhanden, wie zum Beispiel ist der SVERWEIS die Verweis Funktion, welche am häufigsten verwendet wird. Es gibt aber noch weitere Verweisfunktionen wie zum Beispiel den normalen VERWEIS oder den WVERWEIS und sogar die Funktion INDEX ist eine Verweisfunktion.

Da dies ein Grundlagenbuch ist habe ich diese Funktionen aus unserem Themenbereich ausgeschlossen. Diese Funktionen funktionieren alle sehr ähnlich haben aber etwas andere Sucheigenschaften.

Zum Abschluss möchte ich nochmal darauf hinweisen, dass für Excel dieselbe Regel gilt wie für alles neue was man sich antrainieren will: „Übung macht den Meister".

Entdecken Sie neue Funktionen und versuchen Sie diese zu verstehen. Am besten schreiben Sie sich immer auf einen Zettel oder ein Text-Dokument, was Sie mit den neu erforschten Funktionen machen könnten und in welchen Bereich Ihrer Arbeit diese Funktionen eine Erleichterung wären.

In diesem Sinne bedanke ich mich, dass Sie mein Buch über die Grundlagen der Excel-Formeln gelesen haben und würde mich freuen, wenn Sie meinem Werk eine Bewertung auf Amazon hinterlassen. Vielen Dank.

www.ingramcontent.com/pod-product-compliance
Lightning Source LLC
Chambersburg PA
CBHW041150050326
40689CB00004B/721